LA RANCUNE,
PARODIE
DE PHILOCTETE,
EN UN ACTE EN VERS.

REPRESENTÉE POUR LA PREMIERE fois, par les COMÉDIENS ITALIENS Ordinaires du Roi, le Mercredi 7 Mai 1755.

Prix 24 sols.

A PARIS,

Chez { La Veuve DELORMEL, & Fils, Imprimeur de l'Académie Royale de Musique, rue du Foin, vis-à-vis les Mathurins, à Sainte Geneviéve.

M. D. C C. L V.
AVEC PRIVILÉGE DU ROI.

ACTEURS.

LA RANCUNE.   Mr. Dehesse.
RODOMONT.   Mlle. Catinon.
COULISSE.   Mr. Balletti.
JULIE.   Mme. Favart.
THOMAS.   Mr. Carlin.

La Scene est à Lyon.

LA RANCUNE,
PARODIE.

Le Théatre représente une Isle du Rhône inhabitée, où l'on voit plusieurs rochers & un antre profond.

SCENE PREMIERE.
COULISSE, RODOMONT, THOMAS.
RODOMONT.

SUR les rochers déserts de cette Isle, où le Rhône
Brise ses flots grossis des ondes de la Saône,
Coutille, dites-moi, que venons-nous chercher ?
COULISSE.
La Rancune y respire, il faut l'en arracher ;
Si jusqu'à ce moment j'en ai fait un mistere,
J'avois, cher Rodomont, des raisonsr pour metair

A ij

LA RANCUNE,

J'ai dû me réserver pour l'exposition.
Nous voulons suplanter l'Opera de Lyon.
Vous le sçavez, Seigneur, un courroux légitime,
Contre cet Opera, dès longtems nous anime ;
De Monsieur Cornillas nous défendons l'honneur,
De la Troupe du Mans ce riche Entrepreneur,
Sans prévoir d'infortune en dirigeoit les rênes,
Sa charmante moitié tenoit l'emploi des Reines,
Un Chanteur de Lyon, un petit Freluquet
La vit, l'aima, lui plut : elle fit son paquet,
Planta là Cornillas, & ne fut pas honteuse
D'abandonner son rang pour devenir Chanteuse ;
Tous les Comédiens partagent cet affront,
Nous laissons Cornillas qui se grate le front.
Brouillon, ce chef ardent, se met à notre tête,
Il veut que l'Opera devienne sa conquête ;
Il intente un Procès, mais malgré nos ressorts,
Cet Opera triomphe & rit de nos efforts ;
Un seul espoir nous reste, hélas ! vous le dirai-je ?
Nous ne ferons jamais casser son privilége,
Si deux Acteurs fameux ne se joignent à nous :
On attend à Lyon & la Rancune & vous.

RODOMONT.

Je croyois à la troupe être seul nécessaire.

COULISSE.

Vous êtes trop modeste.

RODOMONT.

Hé-bien, laissez-moi faire ?
S'il balance un moment à marcher sur mes pas,
Mon bras....

PARODIE.

COULISSE.

Quel Fanfaron ! Ménagez votre bras,
Par des raisonnemens il s'agit de combattre.

RODOMONT.

Je raisonne fort mal, & je sçais bien me battre ;
Vous, raisonnez pour moi, chacun fait son métier.

COULISSE.

La Rancune, morbleu, sans me faire quartier,
M'assommeroit sitôt qu'il me verroit paroître.

RODOMONT.

Eh pourquoi donc, Seigneur ?

COULISSE.

C'est que je suis un traître,
Je suis cause entre nous de son état affreux ;
Mais c'est aussi sa faute, il étoit trop hargneux,
C'étoit un froid méchant, caustique, atrabilaire,
Qui pour dire un bon mot eût fait perdre son pere ;
Un de nous fatigué de son ton méprisant
Sangla vingt coups de canne à ce mauvais plaisant,
Le crâne fut fêlé.

THOMAS.

Ciel !

COULISSE.

Un cruel vertige
Depuis cet accident de tems en tems l'afflige,
Et lui cause souvent un état convulsif ;
Loin de se corriger il devient plus actif.

A iij

LA RANCUNE,

Pour lui laisser le tems d'évaporer sa bile,
Sur un prétexte adroit je l'amene en cette Isle;
Il lui prend un accès, lui i d n long sommeil,
Et nous le laissons seul en proie à son reveil.

THOMAS.

Grands Dieux !

COULISSE.

S'il me revoit vous jugez de ma crainte.

RODOMONT.

Un affront porte au cœur une mortelle atteinte.

COULISSE.

Je ne suis pas si sot que d'aller m'exposer...
Mais à remplir nos vœux on peut le disposer;
Pour rappeller ce goût dont il fut idolâtre,
Nous avons mis exprès nos habits de théâtre.
Rallumez dans son cœur la noble ambition,
Sans parler de Coulisse, encor moins de Lyon,
En flattant son orgueil, tâchez de le séduire
Dans quelque bonne troupe offrez de le conduire,
Et quand nous le tiendrons, nous lui ferons la loi.

RODOMONT.

Cette feinte, Seigneur, est indigne de moi.

COULISSE.

Pour régir une Troupe, il faut moins de scrupule,
Et comment ménager avec ce ridicule,
Tant d'intérêts divers qui s'accordent si mal,
On peut devenir faux pour le bien général.

PARODIE.

La probité permet un peu de tricherie;
Et je n'ose pas dire un peu de fourberie.

RODOMONT.

Je ne contredis point ces grandes vérités,
Et vos ordres bientôt vont être exécutés.

COULISSE.

Je retourne au bateau, sûr de votre prudence.

RODOMONT.

Que Thomas le Souffleur, soit dans la confidence.

SCENE II.

RODOMONT, THOMAS, JULIE.

THOMAS.

Moi?

RODOMONT.

Toi, sois mon second, viens chercher notre fou;
Mais que vois-je.... sans doute il habite ce trou,
J'apperçois des chiffons.... il couche sur la dure,
Et les flancs du rocher lui servent de tenture.

THOMAS.

Il me semble en effet qu'il est fort mal meublé.

RODOMONT.

Cherchons... Mais quel objet! J'en suis déja troublé
Quel contraste étonnant, c'est une jeune fille
Avec art ajustée.

A iiij

LA RANCUNE;

THOMAS.

Elle est parbleu gentille,
Bon jour la belle enfant.

JULIE.

Des hommes ! Sauvons nous ?

RODOMONT.

Des hommes vous font peur.

THOMAS.

La, la rassurez-vous.

RODOMONT.

Demeurez.

JULIE.

Volontiers.

RODOMONT.

Quelle bonne fortune
Vous a conduite ici ?

JULIE.

Fille de la Rancune,
J'ai sçu qu'il languissoit sur ce triste rocher,
J'ai quitté la maison pour venir le chercher ;
J'ai pris une Servante avec quelque Bagage,
Déjà nous abordions cet inculte rivage,
Quand un orage affreux, un funeste ouragan
Nous fait faire capot au premier coup de vent ;
Tous les gens du bateau vont sens devant derriere
Boire l'onde & la mort au fond de la riviere.

PARODIE.

THOMAS.
Et vous noyâtes-vous ?

JULIE.
Non, Seigneur.

RODOMONT.
Quel tableau ?

THOMAS.
Ah ! Que j'ai bien raison de ne pas aimer l'eau.

RODOMONT.
Je suis émerveillé ! Des Mariniers périssent,
Malgré la force & l'art les flots les engloutissent.
Une fille, elle seule échape du danger.

JULIE.
Seigneur, j'ai le talent de sçavoir bien nager.

RODOMONT.
C'est un talent utile.

THOMAS.
Et la chere Soubrette
Nagea-t-elle de même ?

JULIE.
Oh non, j'en suis défaite.

THOMAS.
Tant pis, j'eusse avec elle égayé l'entretien.

JULIE.
Cette Soubrette là ne m'étoit bonne à rien,
Ne la regrettez pas. Enfin en prenant terre
J'oubliai tous mes maux en embrassant mon Pere.

LA RANCUNE,

RODOMONT.
L'excellent naturel, éloignons-nous d'ici.
Je veux vous en tirer.

JULIE.
Je le veux bien auſſi.
Mais préférant par goût la miſere où nous ſommes,
Mon Pere eſt né farouche & déteſte les hommes.

RODOMONT.
Quoi feriez-vous de même ?

JULIE.
Oh non, non, vous verrez ;
Je l'amene à vos yeux & vous lui parlerez.

SCENE III.
RODOMONT, THOMAS.

RODOMONT.
Mon ame, cher Thomas, nageroit dans la joie,
Si ce joli tendron pouvoit être ma proie.

THOMAS.
Comme vous prenez feu, la peſte qu'il eſt vif ;
Mais voilà notre fou, quel air rebarbatif !

PARODIE.

SCENE IV.
RODOMONT, LA RANCUNE, JULIE, THOMAS.

RODOMONT.

Je dois remercier de grand cœur la fortune
Qui me fait rencontrer l'illustre la Rancune.

LA RANCUNE.

A ces tons empoulés, je vous crois un Acteur.

RODOMONT.

Oui, qui de vos leçons veut meriter l'honneur.

LA RANCUNE.

J'ai quitté le métier; ignorez vous encore,
Oh souvenir affreux dont l'horreur me devore!
Ignorez-vous l'affront le plus cruel de tous?
Ah si je les tenois....

THOMAS, à Rodomont.

Seigneur, éloignons-nous.

LA RANCUNE.

Des Acteurs de Lyon j'étois le Camarade,
Sur l'eau l'on me propose un jour la promenade;
Et Coulisse en secret, mon mortel ennemi,

M'abandonne en ces lieux quand je suis endormi;
O Dieux ! à mon reveil figurez-vous ma rage,
Je me trouve privé de tout mon équipage,
Et l'on ne m'a laissé par pitié pour mes maux,
Seigneur, qu'un seul fusil pour tirer des Moineaux.

RODOMONT.
C'est un tour des plus noirs.
THOMAS.
Tous mes sens en frémissent.
LA RANCUNE.
De mes mugissemens ces rochers retentissent,
Des Monstres à mes cris venant de toutes parts.
RODOMONT.
Quoi pour vous dévorer ?
LA RANCUNE.
Non, ils sont pleins d'égards,
Je les vois s'adoucir, touchés de ma misere ;
Ah ! Les Comediens ne leur ressemblent guére.
THOMAS.
Cette comparaison est un très-beau morceau.
RODOMONT.
Mais ici chaque jour passe plus d'un Batteau,
Vous pourriez aisément abandonner cette Isle.
LA RANCUNE.
Loin des traîtres humains mon sort est plus tranquille,
Et ma Fille Julie adoucit mon malheur,

PARODIE.

C'est la meilleure enfant, le meilleur petit cœur,
L'humeur la plus docile & la plus...

JULIE.

Oh, mon Pere.
Vous me faites rougir.

LA RANCUNE.

C'est un bon caractere,
Et vous l'éprouverez.

THOMAS.

Ma foi tant mieux pour vous.

RODOMONT.

Si vous la chérissez, venez donc avec nous,
Ne souffrez pas qu'ici la pauvre enfant languisse,
Seigneur, Rodomont, c'est à vous rendre service

LA RANCUNE.

Fils de la Rapiere ?

RODOMONT.

Oui, du moins j'en ai l'honneur.

LA RANCUNE.

A ce ton suffisant, à cet air tapageur,
Je crois voir le Papa, tu gagnes mon estime.
Viens m'embrasser pour lui, car c'étoit mon intime

Rodomont embrasse la Rancune & Julie, Thomas en fait de même.

Comment se porte-t-il.

THOMAS.

Oh fort bien, il est mort.

LA RANCUNE.

Il est mort ! Et Leandre.

RODOMONT.

Il a fini son sort.

LA RANCUNE.

Est-ce donc les talens que les destins poursuivent ?
Les Grands Acteurs sont morts, & des Histrions
vivent.

RODOMONT.

Cette réfléxion, nous meneroit trop loin,
De vous tirer d'ici je vais prendre le soin.
Partout où vous voudrez, je m'offre à vous conduire

LA RANCUNE.

J'y consens volontiers.

JULIE.

Et moi je le desire.

THOMAS *à part.*

Fort bien, ils vont donner tous deux dans le panneau.

LA RANCUNE.

Partons, depêchons nous de gagner le Batteau ;
Mais quel Papillon noir autour de moi voltige ?
Chou, chou, chassez, chassez.

RODOMONT.

Il est dans son vertige.

JULIE.

Mon Pere :...

PARODIE.

LA RANCUNE.

Calypso du doux son de sa voix.
Taralantarala, Dieux qu'est-ce que je vois ?
D'où sort ce monstre affreux ? l'épouventable mine !
Ciel ! j'entends dans mes flancs les cris de la famine.
Quel ardeur ; Rodomont daignez me secourir,
Et tuez-moi de grace, afin de me guérir ;
Ma langue & mon gosier sont remplis d'amertume ;
Mais c'est crier trop fort, je sens que je m'enrhume.
Qu'on m'emporte.

RODOMONT.

Souffrez, Madame, que mon soin....

JULIE.

Votre Ecuyer suffit, nous n'allons pas bien loin.

THOMAS.

Si j'approche de lui, je veux que l'on m'assomme.

JULIE.

Ne craignez rien, Papa va faire un petit somme.
Il dort déja ; restez, je reviens à l'instant.

SCENE V.

RODOMONT seul.

ASSEZ mal-à-propos survient cet accident.
Mais l'ame la plus dure en seroit attendrie.
Quel exemple pour nous Acteurs de Tragédie !
Ce fameux la Rancune admiré tant de fois ;
Déclamateur pompeux dans les rôles des Rois,

LA RANCUNE,

Au fond d'une Caverne, hargneux, fier, gueux & triste,
S'impatiente & jure autant qu'un Machiniste.
Tel est le sort affreux des gens de notre état,
Tant qu'on nous applaudit nous vivons dans l'éclat ;
On flatte notre orgueil, on nous vante, on nous fête
On se donne le mot pour nous tourner la tête ;
Nous nous méconnoissons, nous oublions nos noms,
Nous nous croyons les Dieux que nous représentons ;
Pour nous perdre on diroit que chacun se cottise,
Et donne comme nous dans la même méprise.
Nous vient-il un revers, qui nous force à quitter,
On dégrade celui qu'on venoit d'exalter.
Que ne nous apprend-t'on, grands Acteurs que nous sommes,
Que notre vrai mérite est d'amuser les hommes.

SCENE VI.

RODOMONT, LA RANCUNE, JULIE.

RODOMONT.

Avez-vous bien dormi ?

LA RANCUNE.

Oüi, Seigneur,

RODOMONT.

A quoi bon Vous être trouvé mal ?

LA RANCUNE.

PARODIE.

LA RANCUNE.

     J'avois une raison.
Pouvoit-on sans cela suivant la regle exacte
Séparer le premier d'avec le second Acte ?

JULIE.

De ces syncopes là le Public sent l'abus,
Mon Pere m'a promis qu'il ne le feroit plus.

LA RANCUNE.

De trop justes remords pressent ma conscience,
J'ai fait reflexion en perdant connoissance,
Que je n'étois qu'un sot de demeurer ici.

JULIE.

Je n'osois vous le dire & le pensois aussi.

LA RANCUNE.

Tous les jours au repas je fais la découverte
Qu'on fait mauvaise chair en cette isle deserte
Encor si l'on avoit un ménage complet,
Mais je n'ai pas de quoi faire cuire un Poulet.
Et ma fille étant moins friande que coquette,
En nageant n'a songé qu'a sauver sa toilette.

JULIE.

Ce n'étoit pas l'espoir qu'on y vînt m'éprouver,
Mais enfin on ne sçait ce qui peut arriver.

LA RANCUNE.

Vous ne me dites rien, Seigneur, est-ce là comme
Vous voulez m'emmener ?

RODOMONT.

     Je suis trop honnête homme
Pour ne vous dire pas que je suis un coquin.

B

LA RANCUNE.
Comment ?

RODOMONT.
Oui, je vous joue un vrai tour de Pasquin.
Je saisissois l'instant qui met le vent en poupe,
C'étoit pour vous livrer au Chef de notre Troupe.

LA RANCUNE.
Retourner à Lyon ! Ah, comme on m'y verra.

RODOMONT.
On ne peut qu'à ce prix culbuter l'Opera.

LA RANCUNE.
Je me sens suffoqué. Fuis, jeune téméraire...
Je ne puis exhaler l'excès de ma colere,
Ma fille, prend le soin de t'emporter pour moi.

JULIE.
Qu'entens-je ? quelle horreur, quel spectacle d'effroi,
Irions-nous, sans avoir la cervelle troublée,
Ecouter les propos qu'on tient à l'Assemblée.
De ces Dames surtout voir tous les vains débats ?
Dieux ! Faites-les aller de faux pas en faux pas.
Que les pauvres Auteurs, plastrons de leurs querelles,
Se trouvent dechirés dans les Piéces nouvelles ;
Et que pendant l'hiver tous les Acteurs transis,
Puissent pour Spectateurs n'avoir que les Gratis.

LA RANCUNE.
Tu viens de déclamer comme une grande Reine,
Et tu rends joliment la vengeance & la haine.

PARODIE.

RODOMONT.

Si vous vous emportez c'est avec fondement,
Mais vous êtes lié par un engagement.
Et de plus en ces lieux pourquoi vieillir sans
    gloire,
Venez de vos talens illustrer la mémoire ;
A ces Rochers muets dérobez votre sort,
Un Acteur doute-t'il sur le choix de sa mort :
Dubourg, ce grand braillard, bouffis par Mel-
    pomene,
A force de crier se rompit une veine.
Dans Oreste, Mondor ne se connoissant pas,
En gesticulant trop, se cassa les deux bras
Une Actrice expira par la chûte d'un Peintre,
Qui, sans l'en avertir, tomba du haut du ceintre.
Voilà tous les dangers qu'il est beau de courir,
Le Theâtre est le lit où nous devons mourir.

LA RANCUNE.

Non, que leur Sale soit déserte & délabrée,
Plutôt que je leur vaille une seule Chambrée ;
Eh pourquoi secourir une troupe aux abois ?
Quoi, n'en pouvons nous pas faire une entre nous
    trois,
Vous joueriez l'Amoureux, & ma fille, j'espere
Joueroit....

JULIE.

Oui, pour cela j'ai des talents, mon Pere.

LA RANCUNE.

Mais quelqu'un vient....

LA RANCUNE;

JULIE.

Il faut saisir l'occasion.
C'est pour quitter la Scène une bonne raison.

RODOMONT.

Que vois-je ? C'est Coulisse, ah qu'elle inconsé-
quence
Lui qui craint la Rancune, à ses yeux il s'avance.

[*Il sort.*]

SCENE VII.
COULISSE, THOMAS.

COULISSE.

Rodomont nous trahit, ah je suis furieux,
J'empêcherai l'effet d'un complot odieux ;
Je m'étois finement caché pour les entendre.

THOMAS.

Vous êtes bien rusé, mais je vais vous apprendre
Quelque chose pourtant que vous ne sçavez pas.

COULISSE.

Ce discours m'inquiette, expliquez-vous Thomas

THOMAS.

Rodomont par pitié ne plaint point la Rancune,
n'a de la vertu que par bonne fortune.

PARODIE.

COULISSE.

Dieux! le permettez-vous?

THOMAS.

     Julie en un clin d'œil
De ce petit Monsieur a désarmé l'orgueil.

COULISSE.

Mais la sagesse enfin....

THOMAS.

    Ce n'est qu'un terme vague
Qui produit des longueurs qu'à présent on élague.

COULISSE.

On ne pourra jamais concevoir aisément
Qu'une fille bien née aime si promptement.

THOMAS.

Elle s'ennuyoit trop pour n'être pas sensible,
La fille d'un Acteur est toujours combustible.

COULISSE.

Ils sçavent, je le vois, profiter des instans :
Rodomont qui devoit nous rendre triomphants,
Echoüe au premier pas qu'il fait dans la carriere.

THOMAS.

Je reconnois en lui le sang de la Rapiere,
Après avoir marché par la grande chaleur,
Etouffé de poussiere & rempli de sueur,

LA RANCUNE;

A peine arrivions nous à la premiere Auberge,
S'il voyoit la Servante en simple habits de serge,
Il courroit après elle, il sçavoit l'attraper
Et me laissoit tout seul ordonner le souper.

COULISSE.

Un sang si boüillonnant m'épouvante & m'allarme,
C'est un Comedien qui tranche du Gendarme;
Mais je sçai bien comment nous pourrons appaiser
Ce transport au cerveau qui pourroit tout oser.
Si la Rancune encore est difficile à vivre,
Pour qu'il ait l'humeur douce & consente à nous
　　suivre
Nous lui tuerons sa fille.

THOMAS.

　　　　　Ah! l'excellent moyen,
On persuade un homme en s'y prenant si bien.

SCENE VIII.

RODOMONT, COULISSE, THOMAS.

COULISSE.

Seigneur, il faut partir dans l'instant.

RODOMONT.

　　　　　　　Rien ne presse.

PARODIE.

COULISSE.

Et la Rancune !

RODOMONT.

A moins qu'on ne le mène en lesse
Il ne vous suivra point.

THOMAS.

Je ne m'en charge pas.

COULISSE.

Vous approuvez, dit-on, qu'il reste en ces climats.

RODOMONT, *regardant Thomas.*

J'ai soupçon du bavard, qu'il craigne ma furie.

THOMAS, *à Coulisse.*

Seigneur, vous m'allez faire une tracasserie.

RODOMONT.

Que me reprochez vous, parlez ?

COULISSE.

D'être trop vif
Pour le beau sexe.

RODOMONT.

Et bien j'en fais l'aveu naïf.

LA RANCUNE,

THOMAS.
Grands Dieux, vous l'entendez.

COULISSE.
Cela me perce l'ame.

RODOMONT.
Notre état défend-t'il d'avoir jamais de femme ?

COULISSE.
Non, mais il vous défend, à parler sans détour,
De sentir pour aucune un ridicule amour.

RODOMONT.
Et mon Pere étoit-il un homme à votre compte ?
Pourtant à s'enflammer son humeur étoit prompte ;
Chacun sçait qu'il aima la fille d'un Meunier,
Et qu'afin de pouvoir s'y livrer tout entier,
D'une grosse Servante il vola la Cornette,
Et se cacha longtems sous l'habit de Toinette.

COULISSE.
Mais quand je lui montrai le masque d'Arlequin,
Il déchira sa jupe & quitta son Moulin.

THOMAS.
Le masque d'Arlequin est un charme suprême,
Qui fait toujours rentrer un Acteur en lui-même.

RODOMONT.
Vous offrez vainement cet exemple à mes yeux,
Rien ne peut dégager mes sermens amoureux ;
Je reste pour avoir Julie en mariage.

PARODIE.

COULISSE.

Quel mot prononcez-vous, quel indécent langage !

RODOMONT.

Mais la pitié du moins a des droits sur nos cœurs.

COULISSE.

Si vous êtes si bon, plaignez donc nos Acteurs.
Du créancier pressant, ils éprouvent l'outrage;
Tous leurs habits de Ville à présent sont en gage,
On ne leur a laissé que ceux du Magasin,
Qui sont remplis de trous & ne sont pas d'or fin;
Ainsi l'Acteur Tragique accablé, taciturne,
Crotté sur le pavé, la pompe du Cothurne,
Et le Comique en pleurs, toujours pressé de faim,
Va chercher à dîner en habit de Crispin.

RODOMONT.

Je succombe au récit d'une telle infortune;
Allons, je vous promets d'emmener la Rancune,
Retournez au batteau.

SCENE IX.

JULIE, & les Acteurs précedens.

JULIE.

SEigneur, j'ai le friſſon,
Mon cher Pere auroit il à craindre la priſon?

RODOMONT.

Madame....

JULIE.

Des Recors de la Maréchauſſée,
J'ai vû dans un batteau la troupe ramaſſée;
Ce ſpectacle eſt affreux pour mon cœur éperdu.

RODOMONT.

Il nous faut la Rancune.

JULIE.

Ah! Mon Pere eſt perdu!
Je vois qu'on lui prépare un ſort d'ignominie,
Et mon cher Rodomont ſe met de la partie.

RODOMONT.

La gloire de la Troupe eſt préférable à tout.

[à Couliſſe.]

C'eſt-il bien?

COULISSE.

Oui.

PARODIE.

JULIE.

Pourquoi me donner du dégoût ?
Lorsque pour vous, Seigneur, je n'en ai pas la mine.

RODOMONT.

Madame, en cet instant la vertu me domine.

COULISSE.

Fort bien.

JULIE.

Pour moi, l'amour domine dans mon cœur,
Pour la premiere fois je connois un vainqueur.

RODOMONT.

Ah ! Vous badinez.

JULIE.

Non, la raison en est bonne,
Avant que de vous voir, je n'avois vû personne.

RODOMONT.

Ah ! Je sçais bien à quoi m'en tenir là-dessus.

JULIE.

Pourriez-vous bien penser....

RODOMONT.

Je ne vous entends plus.

JULIE.

O Dieux ! C'est un Amant qui parle de la sorte
Le chagrin me dévore, & quand j'en serai morte

LA RANCUNE,

Vous vous repentirez de voir encor le jour,
Et je fors tout exprès pour vous jouer ce tour.

RODOMONT.
Julie....

JULIE.
Eh bien ?

COULISSE.
O Ciel !

THOMAS.
Craignez ma voix fevere.

RODOMONT.
De quel côté, grands Dieux, je ne sçais comment faire.

JULIE.
Rodomont, Rodomont.

COULISSE.
Que faites-vous, Seigneur ?

JULIE.
Mes yeux pourront-ils moins que Monsieur l'Orateur ?

RODOMONT.
Demeurez un moment pour que je délibere.

JULIE.
Pleurons donc !

PARODIE.

RODOMONT.

Vous pleurez, courons à votre Pere.

(*Il fort.*)

JULIE (*à Coulisse & à Thomas.*)

Ah ! Qu'ils font attrapés. (*Elle fort.*)

[*Silence d'étonnement.*]

THOMAS.

De ce coup étonnés,
Allons nous en tous deux avec un pied de nez.

SCENE X.

JULIE.

EH ! Les voilà partis, j'en suis débarassée,
Rodomont va parler à la Maréchaussée.

SCENE XI.

LA RANCUNE, JULIE.

LA RANCUNE.

MA Fille tu pourrois me faire un grand plaisir.

JULIE.

C'est un bonheur pour moi, je sçaurai le saisir.

LA RANCUNE,

LA RANCUNE.

Tu sçais bien que je suis sujet à la folie ?

JULIE.

Qui ne l'est pas, Seigneur ?

LA RANCUNE.

Oui, souvent je m'oublie ;
Mais quand l'accès me prend je me livre au sommeil,
Et je suis plus sensé qu'un autre à mon reveil.

JULIE.

Où tend ce beau discours ?

LA RANCUNE.

Je te le vais apprendre,
On dit que des records sont ici pour me prendre,
Et comme ils sont vaillans lorsqu'ils ne risquent rien,
Ils choisiront l'instant où je dormirai bien ;
Prend ce couteau, ma Fille, & notre affaire est bonne ;
Lorsqu'ils viendront roder autour de ma personne,
De la gaine aussitôt il faudra le tirer.
Redoubler de tendresse, & pour me la montrer,
Me faire l'amitié de me couper la gorge.

JULIE.

C'est comme un conte en l'air qu'en rêvant on se forge.

LA RANCUNE.

Non, je te parle ici très-serieusement,
Je t'aime, & te le prouve indubitablement
En choisissant ta main dans cette circonstance,

PARODIE.

JULIE.

Je reſſent tout l'honneur de cette préférence ;
C'eſt cependant, Seigneur, à parler tout de bon,
Pour careſſer ſon Pere une étrange façon.

LA RANCUNE.

Je l'exige.

JULIE.

En honneur cela n'eſt pas poſſible.

LA RANCUNE.

Fille dénaturée, ame trop inſenſible !
Tu n'as qu'un mauvais cœur.

JULIE.

J'en demande pardon ;
Si vous prenez la vie en un ſi grand guignon,
Si pour mourir enfin, votre ardeur eſt extréme,
Epargnez m'en la peine en vous tuant vous-
    même.

LA RANCUNE.

Je ne le pourrai pas, ma fille, ſi je dors.

JULIE.

Eh tuez-vous avant.

LA RANCUNE.

Mais oüi vraiment, pour lors
Il faut dès à préſent charger ma Carabine,
Jetter ſur le carreau ceux qui me font la mine,
Et commencer ſurtout par Monſieur Rodomont.

LA RANCUNE,

JULIE.

Ah de grace, Seigneur, ne soyez pas si prompt,
Ce Monsieur Rodomont pour nous n'est point
    à craindre,
Loin de le redouter vous devriez le plaindre.

LA RANCUNE.

Pourquoi ?

JULIE

C'est que . . .

LA RANCUNE.

Poursuis, que veux-tu dire ?

JULIE.

                              Il est . . .
Mon Amoureux.

LA RANCUNE.

Qu'entens-je, & que cela me plaît !

JULIE.

Je vous en remercie, en verité mon Pere.

LA RANCUNE.

Nous pourrons en tirer bon parti.

JULIE.

                            Je l'espere,

LA RANCUNE.

Et sans doute il t'a plû ?

JULIE.

PARODIE.

JULIE

D'abord en arrivant;
Les hommes dans ces lieux ne viennent pas sou-
vent.
J'ai pâli, j'ai rougi, je craignois son langage,
Et si je l'avois pu, j'aurois fait la sauvage.

LA RANCUNE.

Il faut le recevoir de la bonne façon,
Ne le pas rebuter, c'est un joli garçon,
Il peut nous être utile; ah! Ma chere Julie;
Je sens avec douleur, que je te sacrifie.

JULIE.

Hélas! Consolez-vous, quand on m'immoleroit,
La Victime, Seigneur, vous le pardonneroit.

LA RANCUNE.

Mais je vois qu'il te guette, il faut pour être honnête,
Te laisser avec lui décemment tête-à-tête.

SCENE XII.

RODOMONT, JULIE.

RODOMONT.

MAdame, à nos archers j'ai donné de l'argent;
Vous n'avez plus à craindre ils partent dans
l'instant

A prefent nous pourrions puifque rien ne nous gêne,
Parler un peu d'amour pour animer la fcene ;
Mais vous revez, je brûle envain pour vos appas
Vous allumez un feu que vous ne fentez pas.

JULIE.

Vous n'êtes pas, Seigneur, bon Phifionomifte,
Eh! furquoi jugez vous que mon cœur vous refifte ?
Hélas j'en ay trop fait ; d'aujourd'hui je vous voi
Vous m'aimez, je vous aime & reçois votre foi,
Mon Pere à confenti que je fois vôtre femme.
C'eft en fort peu de tems aller vite.

RODOMONT.

       Ah Madame
Allons faire à Lyon, la nôce dès ce jour.
La gloire y fervira de compagne à l'amour.

JULIE.

Rodomont, pour tromper épargnez vos tirades
Voulez vous retourner avec vos camarades ?

RODOMONT.

Oui, Madame.

JULIE.

     Eh bien moi je ne vous fuivrai pas,
Et mon cœur n'aura plus à craindre de combats
D'aucun homme en ces lieux ne recevant
   l'hommage,
Perfonne ne pourra fçavoir que je fuis fage,

PARODIE.

La vertu pour témoins n'a besoin que des Dieux,
Etant seule on en a plus que quand on est deux.

RODOMONT.

Madame, en verité, vous parlez comme un livre
Mais vôtre Pere enfin....

JULIE.

De peur qu'on ne le livre
Il veut que je lui donne un bon coup de couteau.

RODOMONT.

Cela prouve qu'il est attaqué du cerveau
N'en convenez vous pas ?

JULIE.

Oüi, c'est ce qui m'afflige;
Mais il faut cependant respecter son vertige,
Si les Acteurs sur eux étoient bien éclairés
Ils repandoient des pleurs sur les cerveaux timbrés.

(Elle sort.)

RODOMONT.

C'est une fille née avec un esprit juste;
Mais que me veut Coulisse avec son air Auguste?

SCENE XIII.

COULISSE, THOMAS, RODOMONT.

COULISSE.

L'Opera nous écrase, on m'écrit de Lyon
Qu'on court avec fureur à l'Opera Gascon,

Et que tous les Acteurs pour insulte derniere
Vont boire sur la fosse où gist feu la Rapiere.

RODOMONT.
Et de qui tenez vous ce triomphe nouveau ?
COULISSE.
La Peste à chaque instant ici vient en bateau.
RODOMONT.
Puisqu'on ranime ici le feu de nos querelles,
Je vais prendre à parti toutes ces Demoiselles.
THOMAS.
Et vous serez battu sans pouvoir échapper,
Elles sont beaucoup plus ensemble pour frapper
Que pour chanter en Chœur.
RODOMONT.
    Je le sçai, mais n'importe.
COULISSE.
A quoi peut vous servir l'ardeur qui vous transporte,

Je sçais un moyen sûr pour sortir d'embarras,
Car si je ne m'en mêle, on ne finira pas,
Je veux voir la Rancune.
RODOMONT.
    O ciel ! êtes vous sage,
COULISSE.
Je crois que je me sens dans mon jour de courage.

PARODIE.

THOMAS.
Je nuirois à la scene, ainsi votre valet.

(*Il sort.*)

COULISSE, (*à Rodomont.*)
Laissez moi seul, non, non, demeurez,

RODOMONT.
En effet
Vous risquez moins.

COULISSE.
Il vient, je ne sens plus d'allarmes;
Par absence d'esprit il n'a point pris ses armes.

SCENE DERNIERE.
LA RANCUNE, JULIE, RODOMONT, COULISSE.

LA RANCUNE à *Rodomont.*
JE vous croyois bien loin, qui vous arrête?
ô Dieux !
L'Auteur de mon malheur, Coulisse est en ces lieux !
Allons, ma Carabine, & vite, cela presse.

JULIE.
Sans la porter jamais, vous en parlez sans cesse.

Au lieu de menacer, il faut effectuer.

  COULISSE *donnant son Epée à la Rancune.*
Prens ce fer.
   LA RANCUNE *voulant tuer Coulisse.*
  Meurs.
    RODOMONT *l'arrêtant.*
  Tout doux.
    COULISSE *à Rodomont.*
      Laissez-le me tuer.

   (*à la Rancune.*)
Si tu veux te venger voilà ma gorge, coupe;
Mais cruel, n'étend point les fureurs sur la troupe.

   LA RANCUNE.
Du plus cruel affront, la Troupe m'a noirci,
Perfide, est-ce un Chanteur qui m'a conduit ici.

   COULISSE.
On te demande excuse.

   LA RANCUNE.
    Ah! Ton respect m'irrite.

   JULIE.
Ce Coulisse en effet, a l'air bien hypocrite.

   LA RANCUNE.
Ote-toi de mes yeux, va languir à Lyon.

PARODIE.

JULIE.
Rien ne peut l'appaiser.

RODOMONT.
Quelle obstination.

LA RANCUNE.
Mais avant ton départ, il est bon que ma bile
En imprécation encore se distile :
Déployez vos gosiers, préparez-vous Chanteurs,
Etudiez la Scene & rendez-vous Acteurs.
N'immolez plus le goût aux agrémens frivoles ;
Mariez l'harmonie à de bonnes paroles.
Ne sacrifiez plus à de sots préjugés.
Le costume & le vrai si longtems négligés :
Travaillez pour l'honneur, vous altiers Symphonis-
    tes ;
Formez-vous sans jurer contre les Bouffonistes,
Danseuses & Danseurs qui tortillez des pas ;
Preferez la décence aux brillants entrechats
Vieux organes des Chœurs, Chanteuses vétérantes,
Trainez un peu plus loin vos cadences mourantes ;
Cédez sans disputer de vos antiques droits,
Le devant du Théatre a de jolis minois.
Ces principes certains t'assurent la victoire,
Noble Opera, triomphe & sois couvert de gloire.
Je venge tes malheurs, tu vengeras les miens :
Abime, coule à fond tous les Comédiens,
Excepté Rodomont, que la rage, la peste,
La famine & le Diable emporte tout le reste.

RODOMONT.
Fuyons, n'écoutons point ses juremens affreux,

LA RANCUNE

Qui font frémir d'horreur & dreſſer les cheveux.

Laiſſons-là ce brutal, cet animal féroce.
Qu'il en coute à mon cœur! Adieu projets de nôce.

COULISSE.

Un fâcheux Miſantrope eſt partout déteſté.
Il devient le rebut de la Société.
Et ſi tôt qu'il eſt mort, ſon ame triſte, errante,
Des femmes, des enfans, eſt l'horrible épouvante,
L'enfer même, l'enfer ſe refuſe à ſes cris;
Si vous l'oſez, cruel, vengez-vous à ce prix.

JULIE.

Mon Pere, détournez cette horrible ménace.

LA RANCUNE.

Quel tableau le barbare oppoſe à mon audace,
Quoi le Diable indigné, ne voudroit pas de moi,
Eſt-il un trait plus fort?

JULIE.

      Ah! J'en frémis d'effroi.

COULISSE.

Pour lui prouver qu'à tort ſon ame me déteſte,
Emmenez tous vos gens auprès de lui, je reſte.

RODOMONT.

Ah! Que c'eſt bien penſer.

PARODIE.
LA RANCUNE.

     Nous croit-il des Enfans ?
Ta proposition révolte le bon sens :
Car puisque mes talens vous sont si nécessaires,
Est-ce là le moyen d'arranger vos affaires ?

COULISSE.

Hé bien ! si son courroux ne peut être adouci,
Qu'il s'en aille avec vous, & je demeure ici,
(*à part.*) Je sçaurai m'en tirer, je risque peu de chose.

RODOMONT.

Que de sublimité !

LA RANCUNE.

     Quels remords il me cause ?
Epouse Rodomont, ce prix t'étoit bien dû,
Mes enfans reparez tous deux le tems perdu ;
Je suis prêt à vous suivre.

RODOMONT.
    Ah ! Quel bonheur extrême.

JULIE.

Amans à l'impromptu soyons Epoux de même,
Et disons aux Censeurs qui blameroient nos feux,
Qu'il n'est point sans l'amour, de dénouement
  heureux.

LA RANCUNE.

Coulisse, je me rends, excuse ma folie.

COULISSE.

On va vous en guérir; & sans que l'on vous lie,
Certain Operateur, habile homme & profond,
A préparé pour vous des calottes de plomb;
Partons, que des Batteaux en toute diligence
Transportent la Rancune.

LA RANCUNE.

Il n'en faut qu'un, je pense.

COULISSE.

Cessons de plaisanter, il faut nous embrasser,
Ce que j'ai dit de toi ne sçauroit t'offenser.
A quelques écarts près, ta vertu magnanime,
T'a rendu dans notre art, un modele sublime.
Mais on peut d'un modele éclairer les défauts,
La critique ne doit épargner que les sots.

JULIE.

Esprits qui prétendez aux lauriers du Poëte,
Pour l'honneur des talents imitez Philoctete,
En prenant son Auteur pour guide & pour soutien,
On suivra le grand homme & le vrai Cytoyen.

FIN.

APPROBATION.

J'Ai lû par Ordre de Monseigneur le Chancelier, *la Rancune, Parodie de Philoctete*, & je crois que l'on peut en permettre l'impression, ce 2 May 1755.

CREBILLON.